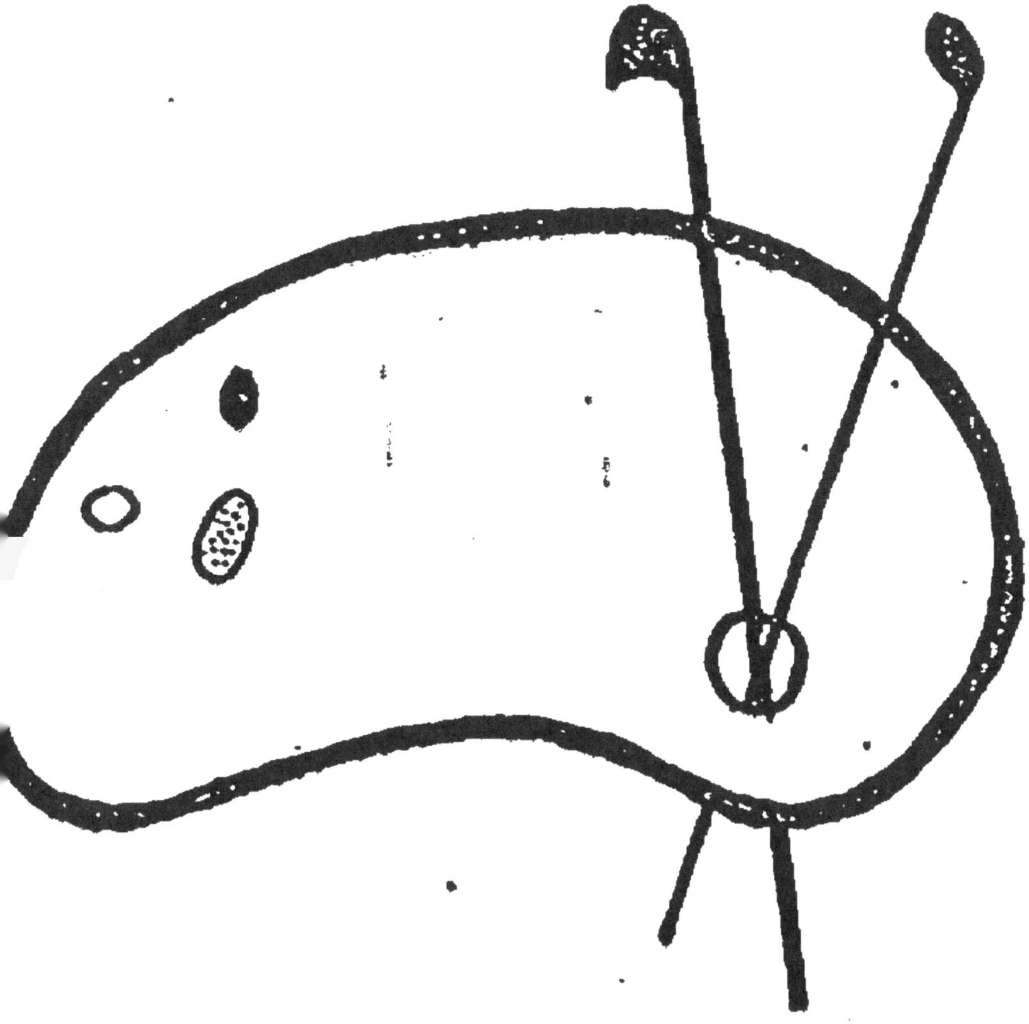

DEBUT D'UNE SERIE DE DOCUMENTS
EN COULEUR

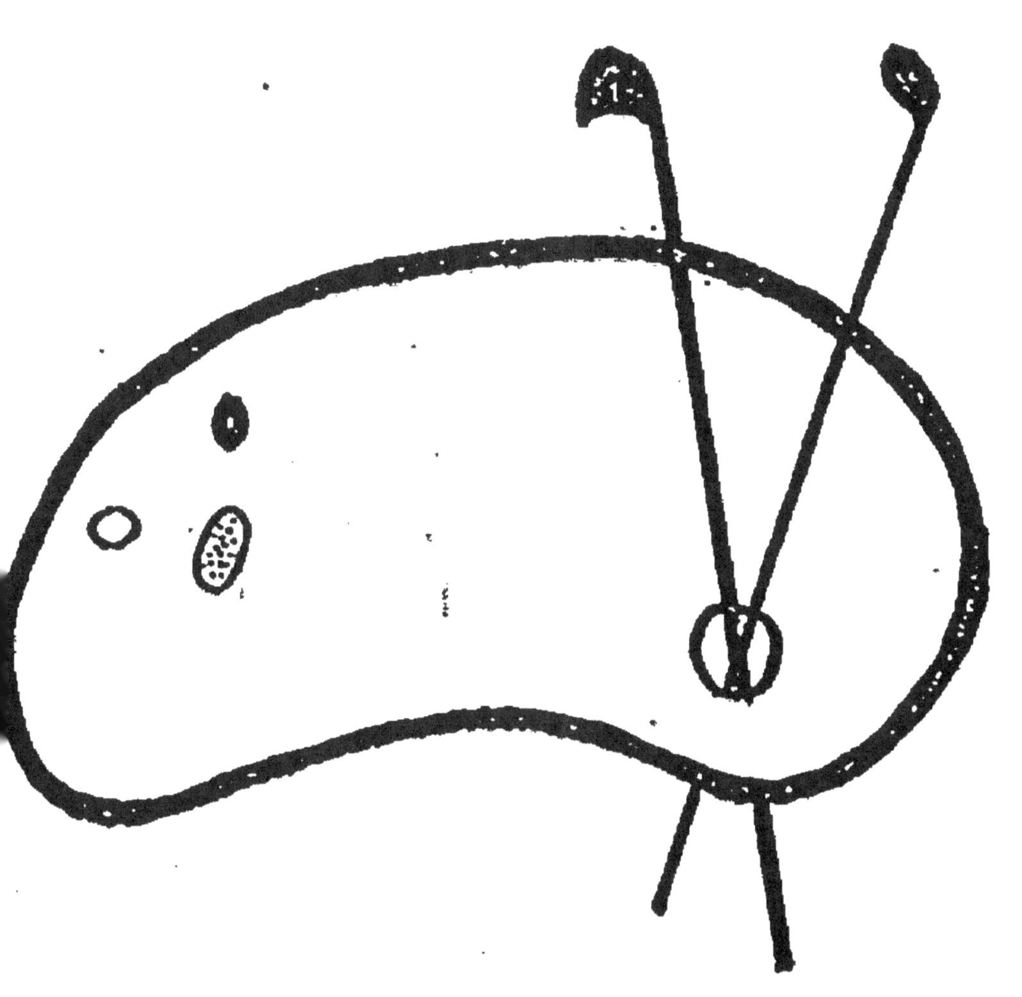

FIN D'UNE SERIE DE DOCUMENTS
EN COULEUR

CINQ JOURS
EN BASSE-BRETAGNE

Sans entrer dans le détail des questions techniques dont se sont occupés les délégués de dix-huit sociétés d'architectes français, nous nous contenterons de rendre compte des intéressantes visites faites *hors séances* dans la presqu'île de l'Armorique, *finibus terræ*.

Démembré de l'ancienne Bretagne, le Finistère est situé à l'extrémité, au bout, à la pointe, à la fin des terres, entre la Manche et l'Atlantique, domaine granitique et schisteux, froid et stérile par destination, le voisinage de la mer réchauffe sa température toujours douce et fertilise son sol avec les engrais de l'Océan.

Le climat breton profite plus qu'aucun autre des bouffées d'air tiède qui accompagnent le courant du *Gulf stream*, cet immense fleuve d'eau chaude qui chemine à travers l'Océan, du golfe du Mexique aux régions arctiques.

Par son sol, la Bretagne est une des plus anciennes contrées de la France et la plus archaïque par sa langue, son esprit, ses mœurs. Quand César assaillit l'Armor, la nation *des Osismes* habitait la pointe de la péninsule devenue le Finistère. Rome a-t-elle romanisé l'Armor? Il est certain que, chassés, rechassés, pourchassés par les pirates anglo-saxons, les Celtes d'Albion méridionale se jetèrent sur le nord et l'ouest de la Chersonèse armoricaine et la recelltisèrent si ses habitants étaient demeurés fidèles à leur dialecte de la langue de Gaule. Alors l'Armorique devint la Bretagne.

« Ce vieux pays, ces ports sans nombre,
» cette race obstinée, ces guerriers et
» poètes, sur la côte, marins et pâtres dans
» les champs, devinrent choses françaises
» à la fin du xve siècle, par le mariage de
» la *bonne duchesse* Anne de Bretagne
» avec un roi de France. »

En arrivant à Landerneau, nous pensions aux nombreuses légendes de ce curieux pays breton; on en remplirait des volumes. Le proverbe courant *Il y aura du bruit dans Landerneau* fait allusion aux charivaris que recevaient les veuves convolant en secondes noces; puis, il y a *la lune de Landerneau* qu'un gentilhomme breton de la cour de Louis XIV prétendait plus grande que celle de Versailles.

Arrivons au but de notre voyage; il fait

un temps splendide; le gai soleil brille de tous ses rayons sur une mer bleue et tranquille que ride à peine une légère brise. Brest, la sombre, l'humide et pluvieuse cité est noyée de lumière comme une ville d'Orient. Mais quel aspect triste ont ses rues sans caractère; pas un monument ne rappelle son origine; d'où vient son nom?

A quelle époque remonte son histoire?

A peine au XIII° siècle, si l'on considère son château dont les tours dominent la rade; en face, on aperçoit à l'entrée de *Sainte-Catherine*, devenue *Recouvrance*, la bastille de *Quilbignon* ou de *la Motte-Tanguy*.

Rien à voir dans la ville; il faut descendre *la rue de Siam* où se passe toute la vie brestoise et arriver au pont tournant.

Cette hardie construction, œuvre de l'ingénieur Oudry, a été inaugurée en 1861; sa longueur est de 117 mètres et son poids de 1,500,000 kilos.

Du pont tournant la vue s'étend sur les constructions considérables de l'arsenal et sur le port militaire; du côté opposé, derrière le château, on découvre les torpilleurs de la défense mobile et le port du commerce bordé par la belle promenade du *Cours Dajot*.

De fort jolies excursions en bateau sont à recommander dans la rade de Brest, sorte de mer intérieure assez vaste et profonde pour les évolutions de 400 navires de guerre.

Le goulet hérissé de batteries a une longueur de 5 kilomètres sur une largeur moyenne de 2,000 mètres. Le pourtour de la rade peut être évalué à 40 kilomètres; elle se prolonge à l'Est avec l'estuaire de la rivière de Châteaulin entamant profondément un rivage de schiste; elle reçoit deux rivières l'*Elorn* (eau de l'épouvante) et l'*Aune* (steir aoun ou Profonde Rivière). Elle est séparée de la baie de Douarnenez par la schisteuse presqu'île de Crozon, nue, stérile, démantelée où s'agitent partout des ailes de moulins à vent.

Nous visitons la baie de *Sainte-Anne*, lieu de pèlerinage pour les marins; *le Fret* où la duchesse Jeanne s'embarqua pour aller épouser le roi d'Angleterre; de là, l'on peut aller à Crozon et à Camaret; *Plougastel-Daoulas, Lanberlach* sont recommandés aux amateurs de fraises; tout est vert, tout est fleuri, tout est cultivé jusque sur l'extrême bord du rivage.

Enfin les grottes de *Morgat* dans la baie de Douarnenez sont excessivement curieuses surtout lorsque l'état de la mer permet de les visiter en bateau.

Après deux journées de séances très chargées, les 13 et 14 juin, nous avions besoin d'un repos mérité.

Le 15 au matin, mollement balancés sur les flots bleus, nous quittons le port du commerce et nous nous dirigeons vers le goulet.

Nous passons devant le *Tage*, croiseur de la rade, l'école des gabiers, l'école des mousses, le *Borda*, école des officiers, vieux navires en bois condamnés à l'immobilité.

En sortant du Goulet, nous trouvons à gauche les batteries Trémert, Fraternité, des Capucins, Kervignou, le fort Cornouailles, la batterie Robert, les trois batteries de la pointe Espagnole, la batterie Roscanvel et les forts de l'Ile Longue, de Lanvèoc, de l'Armorique et du Corbeau ; à droite, les trois forts Minou, Mingant et Dellec, les sept batteries du fort du Portzic, enfin les cinq batteries Caffarelli, Nationale, du Fer-à-Cheval, de la Rose et du Parc-au-Duc ; puis nous débarquons *au Conquet* après avoir doublé *la pointe Saint-Mathieu.* C'est cette pointe au Nord avec *la pointe du Raz* au Sud qui forme le golfe de l'Iroise ou canal d'Is (en breton Kanol Is). La Pen-ar-Bed ou Fin des Terres reçoit les assauts furieux de la mer des Pierres Noires, à l'endroit juste où le Chenal du Four s'unit au beau golfe de l'Iroise.

La petite ville du Conquet étage ses vieilles et pittoresques maisons sur le penchant d'une colline ; de l'autre côté du port, dans la presqu'île de *Kermorvan,* on trouve un *cromlech* composé de 12 pierres debout et formant une enceinte de 50 mètres sur 39 mètres ; deux *dolmens* et deux *menhirs.*

L'église du Conquet a été construite avec ce qui restait de l'église démolie de Lochrist datant du XVIe siècle.

Après déjeuner, nous nous rendons à

Saint-Mathieu appelé par les bretons Loc Mazé Pen ar Bed (la cellule de Saint-Mathieu de fin de terre).

Des navigateurs du *Léon*, revenant d'Ethiopie avec la tête de Saint-Mathieu, firent naufrage dans ces parages au vi° siècle; leur barque était jetée sur les récifs, ils allaient infailliblement périr, lorsque les rochers s'ouvrirent d'eux-mêmes pour les laisser passer avec leur relique. Saint-Tanguy bâtit à cet endroit un monastère qui, en 1157, fut converti en une abbaye de Bénédictins.

Les ruines de l'église abbatiale sont assez bien conservées pour donner une idée de l'importance de cet établissement. De la terrasse dominant la mer, la vue s'étend sur les îles de Béniguet, de Molène, d'Ouessant, sur les récifs du passage du Four, de l'Iroise et, dans la brume, sur la pointe allongée du Raz-de-Sein.

Le 16, nous nous dirigeons sur Quimper.

Nous passons à *Dirinon*, la terre de Nonne ; cette fille d'un souverain fut outragée par le roi Kérétic ; elle mit au monde un fils nommé Saint-Divy, sur un rocher qui s'amollit comme de la cire pour former un berceau au nouveau-né.

Le nom de *Daoulas* signifie deux meurtres en souvenir du massacre de deux moines par le Seigneur de Faou. La décadence de cette ville part du jour où une femme fut chassée par les habitants pour avoir mis au monde sept enfants à la fois ; c'est le résultat de sa malédiction en prenant la route de Brest :

Brest croîtra, Daoulas dècherra ; quand vous bâtirez une maison, il en tombera trois.

En arrivant à *Châteaulin*, le paysage est très accidenté, aussi le chemin de fer passe-t-il sur de nombreux ouvrages d'art fort remarquables.

Voici l'origine de son nom :

Châteaulin fut construit sur un emplacement appelé *Nin* sur les bords de l'Aulne ; c'était la résidence de Saint-Idunet, ami de Saint-Guénolé. Nin devint Castel Nin, Castellin et enfin Châteaulin.

Nous voici à Quimper ; cette ville charmante doit son nom à la rencontre de l'Odet et d'un courant d'à peu près force égale qui s'appelle Steir, c'est-à-dire, la Rivière : le mot celtique Kimber désigne un confluent. Avant d'être Quimper tout court. ou Quimper-Corentin (d'après un saint qui fut le premier évêque de Cornouailles), elle se nommait Kimber-Odet, ou confluent de l'Odet.

La Fontaine en a parlé en vers, mais certainement sans la connaître :

C'était à la campagne,
Près d'un certain canton de la Basse-Bretagne
Appelé Quimper-Corentin,
On sait assez que le destin
Adresse là les gens quand il veut qu'on enrage
Dieu nous préserve du voyage.

La cathédrale Saint-Corentin a été com-

mencée à l'emplacement de deux églises en 1239, mais il ne reste guère de cette époque qu'une chapelle absidale.

L'ensemble est du xıye et du xve siècles, sauf les deux tours qui sont modernes. Une particularité de ce remarquable monument est la déviation de l'axe de l'église à partir du transept, l'abside n'est pas dans le prolongement de la nef et s'incline à droite.

Citons encore l'église de Locmaria construite au xıe siècle, le musée, le collège communal, ancien couvent des Cordeliers, la statue de Laënnec, etc.

Quimper est dominé par la colline du *Mont-Frugy*; c'est une jolie promenade bien ombragée de 71 mètres d'élévation; au pied de la colline un beau *mail* mire ses arbres dans la rivière; l'Odet devient sensible à la marée et, de la ville à la mer, pendant 17 kilomètres, son estuaire s'élargit de 200 à 1,500 mètres; il entre dans l'anse de Benodet ou Penodet (tête de l'Odet), à 8 kilomètres à l'orient de Pont-l'Abbé, qui est port d'échouage sur l'Aven, ruisseau à marée.

Avant d'arriver à cette ville, le pays change d'aspect, ce ne sont plus les jolis paysages qui entourent Quimper, c'est la contrée sauvage avec de rares habitations. des plaines de bruyères, des plantations de pins maritimes.

La petite ville de Pont-l'Abbé a bien conservé le caractère du « doux pays breton »; dans ses rues tranquilles nous trouvons beaucoup de vieilles maisons aux pignons sculptés fort bien conservées; le costume très pittoresque des habitants est particulier à la contrée.

L'église des xiv° et xv° siècles se compose d'un seul collatéral flanqué sur une nef rectangulaire.

A côté se trouve un fort joli cloître du xv° siècle avec les armes de Bertrand de Bosmadec, évêque de Cornouailles. A l'entrée du pont est une église sans clocher; c'est l'église de *Lambour* dont Louis XIV fit raser la flèche pour punir la *paysantaille* d'avoir refusé de payer l'impôt du papier timbré.

Il ne reste du château qu'une grosse tour et un bâtiment du xvii° siècle transformé en mairie.

En se rendant à Penmarch, on passe à côté du château de Kernuz, datant du xvi° siècle; à partir de Plomeur, le pays est couvert de monuments celtiques; signalons deux dolmens à gauche de la route, un autre à Gouesnach et deux menhirs à Kerscaven.

Penmarch signifie tête de cheval de même que la commune limitrophe Beuzec-Capcaval, à cause de la forme de la pointe rocheuse qui s'avance dans la mer. Ce fut certainement une grande et belle ville, mais ce n'est plus qu'un plateau de roc avec deux groupes de maisons habitées, séparés par de nombreuses ruines, l'un au bord de la mer porte le nom de *Kérity*, l'autre plus enfoncé dans les terres ne forme qu'un bourg. Ce qui ne permet pas de douter de l'antique splendeur de cette cité et de l'importance de ses habitants, c'est le nombre d'églises disséminées sur son territoire ; on en compte six : l'église paroissiale de Saint-Nonna, les chapelles de Kérity, de Saint-Pierre, de Notre-Dame-de-la-Joie, de Saint-Fiacre et de Saint-Guénolé.

Nous trouvons près de Saint-Guénolé, le manoir de Kerbervé dont les seigneurs étaient si riches qu'ils tapissaient en soie le parcours des processions et buvaient leur vin dans des hanaps d'or. La richesse de ce pays avait pour source la *viande de Carême*, c'est-à-dire la pêche à la morue.

De l'anse de la Torche nous voyons se dresser le rocher de la *Torche* séparé de la terre par le *Saut-du-Moine*, espace franchi d'un seul bond par Saint-Viaud quand il arriva d'Hybernie.

Nous ne pouvons quitter ce pays sans parler de la baie d'Audierne ou *Oddiern* ; c'est l'arc de cercle compris entre le Raz et la pointe de Penmarch. Ni culture, ni habitants sur sa rive, la vie paraît en être absente, on y est seul avec les fureurs de l'Océan. Audierne et Penmarch, furent des villes prospères tant que la morue pullula sur la côte : ainsi Penmarch, rivale de Nantes, pouvait, au temps des Valois. mettre au service de l'évêque de Quimper 2.500 hommes tirant de l'arc ; mais la morue s'en alla frayer ailleurs et la ville devint ce qu'elle est aujourd'hui, des noms de rues, des ruines, un éparpillement de hameaux autour de six églises, et sur la pointe de terribles rochers noirs.

Quand le vent souffle du Sud-Ouest, on entend à Quimper, éloignée de 30 kilomètres, l'engouffrement de l'eau dans la Torche dont les cavernes répondent à l'entrée de la Mer par le tonnerre le plus éclatant.

HIPPOLYTE SARTON.

Août 1899.

VERSAILLES. — IMP. CERF, 59, RUE DUPLESSIS.

122

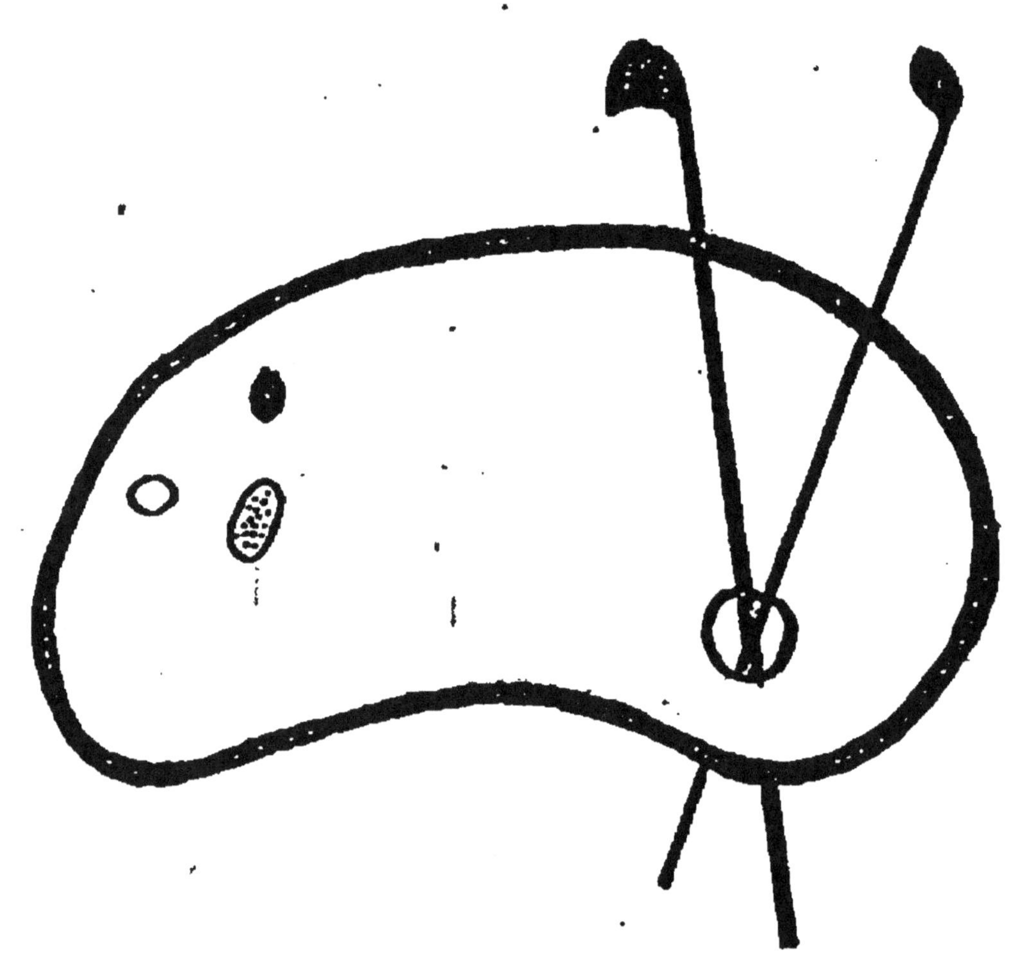

ORIGINAL EN COULEUR

NF Z 43-120-8